BEI GRIN MACHT SICH IHR
WISSEN BEZAHLT

- Wir veröffentlichen Ihre Hausarbeit,
  Bachelor- und Masterarbeit

- Ihr eigenes eBook und Buch -
  weltweit in allen wichtigen Shops

- Verdienen Sie an jedem Verkauf

Jetzt bei www.GRIN.com hochladen
und kostenlos publizieren

Bibliografische Information der Deutschen Nationalbibliothek:

Die Deutsche Bibliothek verzeichnet diese Publikation in der Deutschen National-
bibliografie; detaillierte bibliografische Daten sind im Internet über http://dnb.d-
nb.de/ abrufbar.

Impressum:

Copyright © 2016 GRIN Verlag, Open Publishing GmbH
Druck und Bindung: Books on Demand GmbH, Norderstedt Germany
ISBN: 9783668319240

Dieses Buch bei GRIN:

http://www.grin.com/de/e-book/342050/verkaufsmanagement-im-fitnessbetrieb-
die-13-stufen-des-verkaufs-kundenorientierung

Jeannine Steiner

Verkaufsmanagement im Fitnessbetrieb. Die 13 Stufen des Verkaufs, Kundenorientierung, Teamführung sowie Kennzahlenmanagement

GRIN Verlag

Deutsche Hochschule für

Prävention und Gesundheitsmanagement

Hermann Neuberger Sportschule 3

66123 Saarbrücken

Einsendeaufgabe

Fachmodul:	Verkaufsmanagement
Studiengang:	Fitnessökonomie
Datum Präsenzphase:	16.08.16 – 18.08.16
Name, Vorname:	Steiner, Jeannine
Studienort:	**Zürich**
Semester:	**WS15**

Inhaltsverzeichnis

Klassifizierung / Einordnung des Ausbildungsbetriebes

Tab. 1: Klassifizierung / Einordnung des Ausbildungsbetriebes (eigene Darstellung)

Name der Anlage und Standort (Stadt/Gemeinde):	Sihlpark Fitness und Wellness Schindellegi/Schwyz (CH)
	Klassifizierung / Einordnung
Anlagenstruktur:	Gemischtes Studio
Grösse der Anlage:	2.500 bis 4.000 qm
Preisstruktur der Anlage:	60,00 € bis 89,99 €
Beschreibung der Kernleistungen:	Die wichtigste Kernleistung des Betriebes besteht im Verkauf von Jahresmitgliedschaften für Fitness und Wellness.

1 Verkaufsmanagement

Im Folgenden wird der Verkaufsprozess einer Fitness Jahresmitgliedschaft des oben genannten Betriebes dargestellt und an den 13 Stufen des Verkaufs gemäss Van Eckert (2005) verglichen.

Tab. 2: Verkaufsprozess einer Mitgliedschaft des Sihlpark Fitness und Wellness im Vergleich mit den 13 Stufen des Verkaufs (eigene Darstellung)

13 Stufen des Verkaufs	Unternehmens- darstellung	Begründung der Abweichung	Optimierung Verkaufsprozess
1. Vorbereitung	1. Begrüssung:		
2. Kontaktaufnahme	– Mentale und organi- satorische Vorberei- tung des Trainers		
3. Aufbau einer per- sönlichen Beziehung	– Begrüssung durch den Trainer – Einleitung des Ge- sprächs durch Trai- ner und Aufbau einer	Keine Abweichung / Optimierung	

	persönlichen Beziehung		
4. Bedarfsanalyse	2. Bedarfsanalyse: – Anamnese (Situations- und / Problemerfassung) – Erstellen des Betreuungsdossiers (Problemauswirkung / Zielsetzung / Lösungsmöglichkeit)	Keine Abweichung / Optimierung	
5. Durchführung der Angebotspräsentation	----	Die Angebotspräsentation findet in Phase 4 statt.	
6. Angebots- und Bestätigungsphase		In den Verkaufsprozess wird ein Probetraining integriert. Dies hat verschiedene Vorteile:	
7. Entschluss für Angebot	3. Probetraining auf der Trainingsfläche: – Erstellung des Trainingsplan und Trainingsunterweisung – Angebots- und Bestätigungsphase – Entschluss für Angebot – Das JA für die Mitgliedschaft	– Der Kunde kann die Lösungsmöglichkeit für sein Problem vor Ort ausprobieren. Die erhöht die Entschlussfreudigkeit für eine Mitgliedschaft. – Angebots-, Bestätigungs- und Entschlussphase sowie das JA für die Mitgliedschaft werden vom Trainer in das Probetraining integriert. – Bei einem Entscheid für die Mitgliedschaft ist der Trainingsplan bereits er-	Als Optimierung sollte die reservierte Zeit des Trainers von 70 auf 90 Minuten erhöht werden. Steht nicht genügend Zeit zur Verfügung, werden einzelne Phasen verkürzt. Dies kann den Erfolg des Verkaufsgespräches wesentlich gefährden.

		stellt. Die Zeit des Trainers wird somit effektiv genutzt.	
8. Preispräsentation für die Mitgliedschaft	4. Verkaufsgespräch:	Die Durchführung der Angebotspräsentation wird in das Verkaufsgespräch integriert. Da	
9. Das JA für die Mitgliedschaft	– Durchführung der Angebotspräsentation	sich der Interessent bereits für eine Mitgliedschaft entschieden hat, und die Preise der	
10. Preispräsentation für das Startpaket	– Preispräsentation für die Mitgliedschaft	Mitgliedschaft zudem im Internet ersichtlich sind, geht es hier noch darum, das passende Paket vorzuschlagen und den Preis zu bestätigen.	
	– Das JA zur Mitgliedschaft findet in der 3. Phase statt	Das JA für die Mitgliedschaft wird in der 3. Phase bereits durchgeführt, in welcher sich der Kunde gegen Ende des Probetrainings klar für den Abschluss der Mitgliedschaft äussert.	
	– Preispräsentation für das Startpaket		
11. Vorabschluss	5. Abschluss der Mitgliedschaft :	Keine Abweichung / Optimierung	
12. Abschluss der Mitgliedschaft	– Vorabschluss – Abschluss		
13. After-Sale-Phase	6. After-Sale: – Willkommen heissen, offene Fragen klären sowie Verabschiedung – Falls erforderlich Vereinbarung eines Kontrolltrainings innerhalb der nächsten 1-2 Wochen – Fertigstellung des Trainingsplanes durch Trainer	*Es erfolgt keine Abgabe von Gastkarten, da diese im Rahmen von Aktionswochen bereits ausgegeben werden.*	*Einführung der Abgabe von Gutscheinen für den Fitness- sowie Wellnessbereich.*

2 Kundenorientierung

2.1 Konzept der Selbstkonkordanz – Transformation der Modi

Nachfolgend werden drei Strategien aufgezeigt, um Kunden in den jeweils nächsthöheren Modus der vier verschiedenen Modi der Selbstkonkordanz (Sheldon & Elliot, 1999, S. 482– 497) zu überführen.

Tab. 3: Strategien zur Transformation der verschiedenen Modi der Selbstkonkordanz (eigene Darstellung)

Überführung der Modi	Strategie
Vom externalen in den introjizierten Modus	Es muss ein Problembewusstsein geschaffen werden, indem der Kunde mit Informationen über sein Fehlverhalten und den daraus resultierenden Folgen versorgt wird. Die Durchführung von Fitnesstests und/oder Körperzusammensetzungsanalysen können die Problematik mit der Auswertung der Testresultate zusätzlich untermauern.
Vom introjizierten in den identifizierten Modus	Es müssen Ziele nach der SMART-Formel (Voss, 2006, S. 71) formuliert sowie Mittel zur Zielerreichung definiert werden. Als Mittel zur Zielerreichung kann ein Trainingsplan oder ein Personal Training definiert werden. Dabei ist es wichtig, den Nutzen und Gewinn des neuen Verhaltens hervorzuheben, um das Gefühl von Verlust des alten Verhaltens so tief wie möglich zu halten.
Vom identifizierten in den intrinsischen Modus	Der Leistungsfortschritt und der Erfolg müssen aufgezeigt und hervorgehoben werden, um die Motivation und der Glaube auf die Zielerreichung zu erhöhen. Dazu können Re-tests der Fitnesstests und/oder der Körperzusammensetzungsanalyse durchgeführt werden, welche Veränderungen und Fortschritte aufzeigen.

2.2 Kundenbindung

Die Trainingsabbruchswahrscheinlichkeit ist in den ersten 5-12 Wochen nach Abschluss einer Mitgliedschaft besonders hoch. Im Folgenden werden fünf Massnahmen vorgestellt, wie dies verhindert werden kann.

Tab. 4: Massnahmen zur Reduktion der Trainingsabbruchswahrscheinlichkeit (eigene Darstellung)

Massnahme	Begründung
Nachfragen / Betreuung auf Trainingsfläche	Das Mitglied fühlt sich aufgenommen und betreut.
Kontrolltrainingstermin nach Probetraining	Das Mitglied fühlt sich betreut und kann Sicherheit im Training finden. Das Training wird effizienter, was die Motivation steigert.
Workshop zu spezifischen Themen (z.B. Körperfettreduktion)	Das Mitglied kann das Wissen in seiner Problematik erweitern und seine Zielerreichung effizienter gestalten. Dies erhöht die Motivation am Training.
Einsteigerkurs im Krafttraining	Das Mitglied kann Sicherheit und Selbstvertrauen im Training gewinnen. Dies führt dazu, dass das Ziel effizienter erreicht wird. Erfolge im Training werden die Motivation erhöhen.
Gutschein für Gratiseintritt für Freunde	Das Mitglied hat die Möglichkeit, mit einem Freund / Bekannten / Gleichgesinnten zu trainieren, was die Motivation wesentlich erhöhen kann.

2.3 Zusatzverkäufe

Das dargestellte Fitnesscenter erzielt derzeit unter anderem Zusatzeinkünfte aus folgenden drei Produkten / Leistungen:

Im Rezeptionsbereich werden Zusatzeinkünfte durch Gutscheinverkäufe erzielt, welche in Form von Wertgutscheinen oder für spezifische Produkte / Dienstleistungen wie z.B. Tageseintritte, Massagen, Wellnessbehandlungen erhältlich sind.

Im Trainingsbereich führt der Verkauf von Körperzusammensetzungsanalysen zu Zusatzeinkünften. Der Trainer nutzt diese für die Evaluation der Ist-Situation oder des Leistungsfortschrittes des Trainierenden.

Im Bistrobereich werden Zusatzeinkünfte durch den Verkauf von Supplemente erzielt. In erster Linie handelt es sich um Proteinshakes und Protein- sowie Energieriegel.

Für das dargestellte Unternehmen werden nachfolgend drei neuartige Produkte / Leistungen entwickelt, um Zusatzeinkünfte zu generieren.

Tab. 5: Neuartige Produkte / Leistungen zur Generierung von Zusatzeinkünften (eigene Darstellung)

Produkt/Leistung	Zielgruppe	Verkaufsargumente zur Vermarktung
Workshop zum Thema Gewichtsreduktion	Mitglieder mit dem Ziel der Gewichtsreduktion (neue / bestehende Mitglieder)	– Wissen vertiefen und damit effizientere Zielerreichung – Kontakte mit Gleichgesinnten knüpfen
Sportmassagen	Ambitionierte oder leistungsorientierte Mitglieder	– Schnellere Regeneration – Bessere Trainierbarkeit der Muskulatur
Early Bird Business Personal Training (3-4 Personen)	Geschäftsleute mit vollem Terminkalender die ihre Leistungsfähigkeit verbessern wollen	– Gruppendynamik – Effiziente Zielerreichung durch spezifisches Training – Training am Morgen vor dem gefüllten Terminkalender

3 Teams, Motivation & Führung

3.1 Teamentwicklung

Tab. 6: Unterstützende Massnahmen des Teamleiters in den vier Phasen der Teamentwicklung nach Tuckmann (1965) (eigene Darstellung)

Phasen der Teamentwicklung	Unterstützende Massnahmen des Teamleiters
Forming	– Organisation eines Kick-off Team Meeting, an welchem der Teamleiter das Team vorstellt und Ziele und Vision bekannt gibt. – Organisation eines Team Building Events, an welchem sich die Team Mitglieder kennen lernen und sich austauschen können.
Storming	– 1:1 Meetings, um Probleme, Befindlichkeiten und Arbeitspräferenzen der einzelnen Mitglieder herauszufinden. – Problematische Rollen- und Aufgabenverteilung sowie Abläufe überdenken und gegebenenfalls entsprechend ändern.
Norming	– Organisation von regelmässigen Team Meetings, um die Vision aufrecht zu erhalten sowie Arbeitsweisen und Verhaltensregeln zu stärken. – Organisation eines Team Building Events um die Zusammenarbeit

	und den Zusammenhalt im Team weiter zu stärken.
Performing	– Organisation von regelmässigen Milestones Team Meetings um den Zielerreichungsprozess zu überprüfen und Probleme frühzeitig zu erkennen und gegensteuern zu können. – 1:1 Coaching Meetings, um Team Mitglieder in ihrem Potenzial zu fördern.

Der Teamleiter ist in der zweiten Phase der Teambildung besonders gefordert. In dieser Phase, wo verborgene und offene Konflikte ausgetragen werden, ist es wichtig, dass der Teamleiter diese Konflikte erkennt, analysiert und entsprechende Massnahmen und Veränderungen einleitet, um das Konfliktpotenzial zu beseitigen. Dadurch wird der Grundstein gelegt, um Verhaltensweisen und Arbeitsweisen neu zu definieren und die Teammitglieder entsprechend ihren Fähigkeiten und Präferenzen zu einem leistungsbringenden Team zu zusammen zu führen.

3.2 Motivation

„Gruppenprovisionen sind in der Fitnessbranche die beste Möglichkeit die Mitarbeiter im eigenen Unternehmen dauerhaft zu motivieren." Diese Aussage ist kritisch zu hinterfragen.

Der Vorteil der Gruppenprovision liegt darin, dass die Zusammenarbeit im Team gestärkt wird. Auf der anderen Seite führt eine Gruppenprovision dazu, dass High Performer in einem Team nicht angemessen für ihre herausragende Leistung belohnt werden, Low Performer hingegen von der Leistung von High Performern profitieren. Leistungsstarke Mitarbeiter werden dadurch demotiviert. Im Gegenzug sinkt die Eigenverantwortung der Low Performer.

Die Einzelprovision belohnt die individuelle Leistung des Mitarbeiters und motiviert vor allem High Performer zu Höchstleistungen. Zudem erhöht die Einzelprovision die Eigenverantwortung aller Mitarbeiter. Durch die Einzelprovision können jedoch Konkurrenzkämpfe und Spannungen im Team hervorgerufen werden, welche die Gesamtleistung des Teams beeinträchtigen können.

Eine effiziente Zusammenarbeit im Team hat eine gewisse Wichtigkeit in einem Fitnessunternehmen, jedoch werden gute Verkaufszahlen und eine authentische Betreuung der Mitglieder letztendlich von jedem Mitarbeitern individuell generiert. Die Eigenverantwortung sowie auch die Motivation des einzelnen Mitarbeiters spielen für eine qualitative und quantitative Arbeitsleistung eine entscheidende Rolle. Da sich die Gruppen-provision nicht positiv auf die Motivation der High Performer und die Eigenverantwortung der einzelnen Mitarbeiter auswirkt, kann sie nicht als die beste Möglichkeit angeführt werden.

3.3 Führung

Das Fallbeispiel 1 beschreibt den direktiven Führungsstil. Die Führungskraft legt Wert darauf, dass sein Team exakt nach seinen Vorgaben und To do-Listen arbeitet. Er überwacht die Arbeit seines Teams durch regelmässige Kontrollgänge. Falls seine Mitarbeiter nicht nach seinen Anweisungen arbeiten, werden sie sanktioniert.

Im Fallbeispiel 2 handelt es sich um den affiliativen Führungsstil. Der Führungskraft ist es wichtig, dass das Team untereinander und mit ihm als Führungskraft harmoniert und sich seine Mitarbeiter in ihren Aufgaben verwirklichen können. Um dies zu erreichen, werden regelmässige Teamsitzungen abgehalten, wo der offene Austausch verschiedener Themen gepflegt wird. Darüber hinaus trifft sich das Team auch in seiner Freizeit um den Zusammenhalt zu stärken.

4 Controlling

4.1 Kennzahlen im Vertrieb

Für den dargestellten Betreib erfolgt eine Berechnung der Unternehmenskennzahlen Telefonquote, Termineinhaltungsquote sowie Abschlussquote für den Zeitraum Mai bis Juli 2016.

Berechnung der Telefonquote: $\dfrac{Anzahl\ vereinbarte\ Probetrainings}{Anzahl\ Interessentenanrufe} \times 100$

Mai: $47/55 \times 100 = \quad 85.45\%$

Juni: $35/45 \times 100 = \quad 77.78\%$

Juli: $40/50 \times 100 = \quad 80\%$

Berechnung der Termineinhaltungsquote: $\dfrac{Anzahl\ durchgeführte\ Probetrainings}{Anzahl\ vereinbarte\ Probetrainings} \times 100$

Mai: 44/47x100 =   93.62%

Juni: 33/35x100 =   94.29%

Juli: 37/40x100 =   92.50%

Berechnung der Abschlussquote: $\dfrac{Anzahl\ abgeschlossene\ Mitgliedschaften}{Anzahl\ durchgeführte\ Probetrainings} \times 100$

Mai: 40/44x100 =   90.91%

Juni: 25/33x100 =   75.76%

Juli: 30/37x100 =   81.08%

Die nachfolgende Graphik stellt die Entwicklung der Kennzahlen im Zeitvergleich dar.

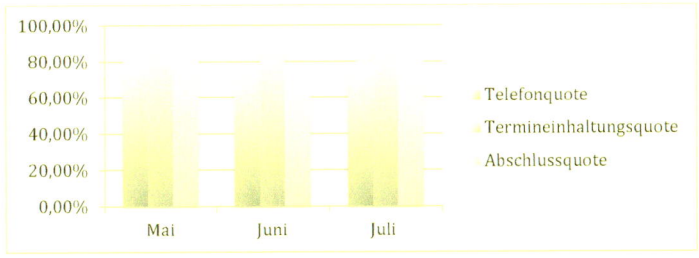

Abb. 1: Graphische Darstellung der Entwicklung der Kennzahlen im Zeitvergleich von Mai bis Juli
(eigene Darstellung)

Die Unternehmenskennzahlen können größtenteils als gut bis sehr gut beurteilt werden. Es fällt auf, dass die Telefon- sowie Abschlussquote im Juni am tiefsten sind. Dies ist auf einen Besitzerwechsel der Fitness- und Wellnessanlage im Mai zurückzuführen. Beide Quoten erholen sich im Juli insbesondere durch eine Aktion von Gutscheinen für eine Gratiseintrittswoche, welche zusätzliche Interessenten anlockt.

Die Termineinhaltungsquote zeigt keine wesentlichen Veränderungen auf. Dies liegt insbesondere daran, dass das Rezeptionspersonal die Interessenten sehr gut instruiert, wo die Fitnessanlage zu finden ist. Darüber hinaus befindet sich im Umkreis von mehreren Kilometer keine andere Fitnessanlage, wodurch verhindert wird, dass Interessenten aus Versehen in die falsche Anlage gelangen.

4.2 Fluktuationsquote

Die Fluktuationsquote des dargestellten Unternehmens für das Geschäftsjahr 2015 beträgt **18.94%**, was aus der nachfolgenden Berechnung ersichtlich ist.

Berechnung der Fluktuationsquote:

Mitgliederbestand Anfang Januar	1500
Mitgliederbestand Ende Januar	1560
Total Mitglieder Februar – Dezember	16570
Durchschnittlicher Mitgliederbestand	
(Mitgliederbestand Jan Anfang + Jan Ende + Feb-Dez / 13)	1510
Anzahl Kündigungen pro Jahr	286
Fluktuationsquote *(286 / 1510 x 100)*	**18.94%**

Eine Änderung der Fluktuationsquote um 5 Prozentpunkte bewirkt eine Senkung der Anzahl Kündigungen pro Jahr um 76 Kündigungen und zieht einen **Mehrumsatz von CHF 75'620** nach sich.

Berechnung der Änderung der Fluktuationsquote und des Mehrumsatzes:

Anzahl Kündigungen bei 5% Fluktuationsquote *(1510 x 0.05)*	75.5
Aufrundung	76
Mitgliedschaftsbeitrag für ein Jahresabonnement in CHF	995.00
Total Mehrumsatz in CHF *(76 x 995)*	**75'620.00**

5 Literaturverzeichnis

Sheldon, K. M. & Elliot, A. J. (1999). Goal striving, need-satisfaction, and longitudinal well-being: The self-concordance model. *Journal of Personality and Social Psychology, 76,* 482– 497.

Tuckman, B. (1965). Developmental sequences in small groups. *Psychological Bulletin. 63.* 348-399.

Van Eckert, H. (2005). *Praxishandbuch Vertrieb.* Berlin: Cornelsen.⸢⸏SEP⸣

Voss, R. (2006). BWL kompakt. Grundwissen Betriebswirtschaftslehre (3. Aufl.). Rinteln: Merkur.

6 Abbildungs- und Tabellenverzeichnis

6.1 Abbildungsverzeichnis

6.2 Tabellenverzeichnis

BEI GRIN MACHT SICH IHR
WISSEN BEZAHLT

- Wir veröffentlichen Ihre Hausarbeit,
  Bachelor- und Masterarbeit

- Ihr eigenes eBook und Buch -
  weltweit in allen wichtigen Shops

- Verdienen Sie an jedem Verkauf

Jetzt bei www.GRIN.com hochladen
und kostenlos publizieren